# LES SOCIÉTÉS HUMAINES

## SOUS LA MAIN DE DIEU,

## PRINCIPES DE MORALE SOCIALE,

D'APRÈS L'ÉCRITURE SAINTE.

PAR M. LE B<sup>on</sup> DE GERANDO

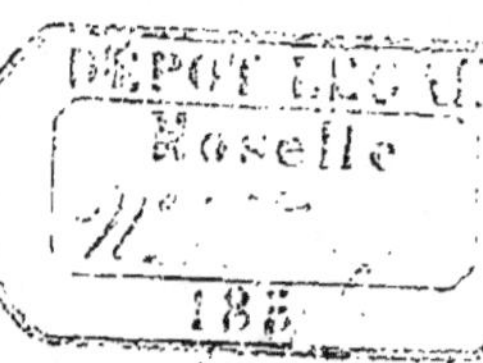

(Extrait des Mémoires de l'Académie impériale de Metz, année 1865-66.)

## METZ.

F. BLANC, IMPRIMEUR DE L'ACADÉMIE IMPÉRIALE.

—

1866.

# LES SOCIÉTÉS HUMAINES

## SOUS LA MAIN DE DIEU,

## PRINCIPES DE MORALE SOCIALE,

### D'APRÈS L'ÉCRITURE SAINTE.

L'Écriture sainte qui est pour le croyant le code des lois divines, le dépôt sacré des vérités inspirées par l'Auteur de toute lumière et de toute sagesse, s'impose au respect et à l'admiration de l'incroyant lui-même, parce qu'il y trouve les plus anciennes traditions, les plus purs enseignements de la philosophie morale et religieuse. J. J. Rousseau s'est rendu l'éloquent interprète de ce sentiment dans ce passage célèbre de la *Profession de foi du vicaire savoyard :* « La majesté des Écritures m'étonne, la sainteté de l'Évangile parle à mon cœur. Voyez les livres des philosophes avec toute leur pompe : qu'ils sont petits près de celui-là ! Se peut-il qu'un livre, à la fois si sublime et si sage, soit l'œuvre des hommes ? »

Parmi les nombreux hommages rendus par la foi chrétienne au livre par excellence, je ne citerai que celui du P. Lacordaire dans une de ses *Lettres à un jeune homme sur la vie chrétienne :* « L'Écriture est la parole même de Dieu, parce que si les hommes y ont mis la main pour l'écrire, ça été sous l'inspiration directe de l'Esprit-Saint et sous le sceau d'une élection qui les avait faits Prophètes. Aucune plume, depuis, n'a reçu ce don merveilleux de tracer la parole de Dieu, ni les Pères, ni les conciles, ni les pontifes romains. Assistés d'en haut en une mesure diverse, assistés même jusqu'à l'infaillibilité doctrinale, ils n'ont fait qu'interpréter l'ancienne voix des Écritures ou des traditions, et le livre de la divine parole, clos pour jamais tout en restant ouvert, n'a obtenu d'eux que la gloire de sa vraie clarté. »

J'ai essayé de concourir à répandre de plus en plus cette *vraie clarté* en me livrant, depuis de longues années, à des études sur l'Écriture sainte, qui ont eu pour but son application pratique et textuelle à toutes les intelligences et à toutes les situations privées et sociales. J'ai voulu mettre en œuvre cette pensée de Châteaubriand :[1] « Il n'y a pas une position dans la vie, pour laquelle on ne puisse rencontrer dans la Bible un verset qui semble dicté tout exprès. »

En préparant les matériaux d'une quatrième édition d'un recueil que j'ai publié en 1839[2], et sous l'empire de la conviction si bien exprimée par un éminent jurisconsulte qui est un homme d'État non moins éminent, que « tous les trésors de vérité sont dans la Bible »,[3] j'ai recherché dans ces trésors et j'ai rassemblé des vérités qui ont aujourd'hui plus d'importance que jamais, celles qui s'appliquent à la morale publique, à l'unité de la

---

[1] *Génie du christianisme*, l. VI, c. i.

[2] *Les divines prières et méditations, recueil de prières et de méditations pour toutes les situations de la vie privée et de la vie sociale, composées de versets de l'Écriture sainte.* — 5e édition, 1860.

[3] M. Troplong, cité par M. Poitevin, dans le *Nouveau dictionnaire universel*, au mot *Bible*.

grande famille humaine, aux devoirs réciproques des nations entre elles, des gouvernants et des gouvernés, à ceux de l'homme en état de société à l'égard de son semblable.

Bossuet, dans son immortel ouvrage de la *Politique tirée de l'Écriture sainte*, en s'élevant à des hauteurs que nul n'a su atteindre après lui, a traité magistralement cet immense sujet. Il y aurait plus que de la témérité de ma part à le reprendre en sous-œuvre. Je me place à un autre point de vue qui, bien que plus restreint, embrasse aussi un vaste horizon : je demande à l'Écriture sainte la solution des grandes questions de morale sociale.

Création et destinée du genre humain.

Et d'abord quels ont été les desseins de Dieu en créant le genre humain et à quelle destinée l'appelle-t-il ? L'auteur du livre de *la Sagesse* nous répond : « Dieu, qui a tout fait par sa parole, a formé, par sa sagesse, le genre humain pour dominer sur les autres créatures et pour établir la justice et l'équité dans l'univers. Dieu a tout créé afin que tout subsiste, et il a fait toutes les nations de la terre guérissables ; elles ne sont pas condamnées irrémissiblement à la mort. » Et le *Psalmiste* ajoute : « Le Seigneur les dirige et les juge selon sa souveraine équité. »[1]

Vous voyez à quelle hauteur l'Écriture sainte, dans sa simplicité sublime, place l'humanité en lui révélant sa mission providentielle. L'homme, *fait à l'image de Dieu*,[2] n'est pas seulement le roi de la création ici-bas, il est le coopérateur de l'œuvre divine. La fin de l'humanité, c'est *l'établissement dans l'univers de la justice et de l'équité*, ces deux grands attributs du Créateur, qui

---

[1] *Sag.* IX, 1, 2. 3 ; I, 14. — *Ps.* LXVI, 4.
[2] *Gen.* I, 27.

se tempèrent l'un par l'autre dans une parfaite harmonie. Les fondements de la morale privée et de la morale publique sont ainsi jetés dès l'origine du monde, et la loi du vrai progrès social est promulguée. Peuples déchus ou opprimés, ne désespérez pas de votre avenir, quel que soit l'excès de vos maux; car Dieu vous *a faits guérissables*, et, si vous cherchez en lui votre salut, vous pouvez l'obtenir de sa toute-puissance.

La paix universelle destination finale de l'humanité.

Il est évident que la guerre n'est, dans la marche de l'humanité, qu'un fatal et calamiteux incident, et n'est pas conciliable avec le but final que lui assigne l'Écriture, le règne universel de la justice et de l'équité. La philosophie est aujourd'hui d'accord avec la religion pour reconnaître que les progrès de la civilisation doivent resserrer de plus en plus les liens de la grande famille humaine et en bannir toute lutte fratricide.[1] Comme l'a dit un auteur contemporain, membre de l'Institut,[2] qui a traité au point de vue philosophique le même sujet que j'aborde au point de vue religieux : « Toute la morale sociale est intéressée dans le problème de la guerre : la paix assure le maintien de cette morale; au contraire, les combats rendent très-difficiles à remplir les devoirs qu'elle impose à l'État et aux citoyens. » Un autre et illustre membre de l'Institut, M. le comte Portalis, dans un mémoire sur la paix et la guerre, qu'il a lu en 1856 à une séance de l'Académie des sciences morales et politiques, a professé, mieux encore que son confrère, la même

---

[1] C'était aussi la pensée du chancelier de L'hospital. V. son discours *Des raisons et persuasions de la paix*, adressé à Charles IX pour l'exhorter à donner la paix à ses sujets, 1570 — *Œuvres complètes de Michel L'hospital*, t. II, p. 175 et 277.

[2] Ad. Garnier, *Morale sociale* ou *devoirs de l'État et des citoyens*, L. VI, c. III, p. 591.

opinion : « La paix est la sauvegarde de tous les droits ; la paix, c'est le droit de tous, c'est l'état naturel de toutes les sociétés politiques. Hors d'elle et sans elle tout est précaire, toute sécurité est absente. La justice est en péril : la morale est le droit de la paix. »[1]

L'Écriture sainte n'aurait pas été conséquente avec elle-même si elle n'avait pas fait prédominer le devoir de la paix sur le droit de la guerre, et proclamé la concorde universelle comme un des termes du progrès et une destination finale de l'humanité. Tous les préceptes évangéliques sur l'amour du prochain (je n'ai pas besoin d'en donner la preuve) conduisent à cette conclusion, que l'union de tous les hommes entre eux par leur union avec Dieu est le but de tout le christianisme.[2] Mais ce que l'on ne sait pas assez, c'est que l'Ancien Testament, quelque sanction qu'il donne historiquement au droit de la guerre, considère la paix comme l'apogée des prospérités sociales et en affirme, par la voix inspirée des prophètes, l'avénement dans le monde tout entier : « Dans les derniers jours, les peuples feront de leurs épées des socs de charrue, et des faux de leurs lances. Une nation ne tirera plus le glaive contre une autre nation ; on ne les verra plus s'exercer aux combats. Alors les peuples et les rois se réuniront pour servir l'Éternel. — La paix sera l'ouvrage de la justice, le repos

---

[1] *De la guerre considérée dans ses rapports avec les destinées du genre humain, etc.*, t. XXXVIII des *Séances et travaux de l'académie des sciences morales et politiques.*

[2] « Le christianisme, la plus grande, la plus divine des idées, s'il est permis de s'exprimer ainsi, c'est l'idée d'une société intime d'esprit et de cœur, destinée à unir tous les hommes entre eux et avec Dieu. » (*Discours sur l'histoire de l'Église*, prononcé à la Sorbonne le 25 avril 1866, par le P. Adolphe Perraud, de l'Oratoire, ancien élève de l'École normale et professeur agrégé d'histoire.)

et la sécurité en seront à jamais le fruit, et les peuples trouveront leur félicité dans les douceurs de la paix. » [1]

Vous savez ce qu'était dans l'antiquité le droit des gens qui unit les sociétés particulières à la grande société du genre humain : chaque peuple regardait les peuples étrangers comme autant d'ennemis. Cicéron [2] avait bien défini le monde « une grande cité des hommes et des dieux soumis à une même loi, la loi morale ; » mais cette admirable définition était restée, quant aux droits des gens, à l'état de théorie abstraite, car le peuple romain avait surtout et constamment violé, dans ses rapports avec les autres peuples, les principes élémentaires du droit international. Ce droit, comme l'a reconnu Montesquieu dans *l'Esprit des lois,* n'a reçu sa consécration que du christianisme qui a enseigné et persuadé aux peuples qu'ils étaient tous membres d'une grande famille. Écoutez saint Paul exposant ce nouveau principe de la solidarité des nations : « Un mystère qui, dans les siècles précédents, n'a pas été découvert à l'humanité, et qui est maintenant révélé par le Saint-Esprit, c'est que les nations ne forment qu'un seul corps, qu'elles sont cohéritières et participent toutes, par l'Évangile et en Jésus-Christ, aux promesses de Dieu. Efforcez-vous donc, puisque vous ne faites tous qu'un même corps, de conserver l'unité d'un même esprit par le lien de la paix. — Souvenez-vous, peuples païens, vous qui étiez entièrement séparés de la société d'Israël, étrangers aux alliances et sans dieu en

[1] *Isa.* II, 2, 4. — *Mich.* IV, 3. — *Ps.* CI, 22. — *Isa.* XXXII, 17, 18.

[2] Cité par le R. P. Hyacinthe dans sa *deuxième conférence de Notre-Dame,* décembre 1865.

ce monde, que c'est Jésus-Christ qui des deux peuples n'en a fait qu'un en détruisant le mur de séparation, c'est à dire leurs inimitiés, que c'est lui qui est venu annoncer la paix à ceux qui étaient loin comme à ceux qui étaient près. »[1]

Fraternité, égalité des hommes.

Avec ce dogme de l'unité de la grande famille humaine se confond celui de la fraternité et de l'égalité des hommes. La démocratie moderne n'est ici que l'écho de la vérité religieuse.

Si cette vérité a été quelquefois altérée dans les applications sociales du judaïsme, si elle a été surtout vulgarisée par l'Évangile et si c'est à lui que revient essentiellement l'honneur d'avoir promulgué dans le monde entier « cette sublime égalité chrétienne, comme l'a dit excellemment M. Sauzet, la seule qui fortifie toujours et qui n'abaisse jamais, »[2] il faut reconnaître, toutefois, l'accord qui existe à cet égard entre l'Ancien et le Nouveau Testament : « N'avez-vous pas tous le même Père ? N'est-ce pas un seul Dieu qui vous a tous créés ? Pourquoi donc mépriseriez-vous votre frère ? — Le riche et le pauvre sont tous les deux l'œuvre du Seigneur. — Le Maître suprême n'épargnera personne, ne respectera aucune grandeur, parce qu'il a créé les petits comme les grands et qu'il a également soin de tous. »[3] Vous n'avez qu'un seul Père qui est dans les cieux, vous n'avez qu'un seul Maître, et vous êtes tous frères. — Toute paternité découle de Dieu dans le ciel et sur la terre : vous êtes tous ses enfants... Il n'y a plus ni Juif ni Gentil, ni esclave ni homme libre, vous n'êtes tous qu'un en Jésus-

---

[1] *Ép. aux Éphés.* III, 5, 6 ; IV, 3, 4 ; II, 11, 12, 14, 17.

[2] *Éloge de M. de Chantelauze,* prononcé à l'académie de Lyon le 28 février 1860.

[3] *Malach.* II, 6. — *Prov.* XXII, 2. — *Sag.* VI, 8.

Christ. — Aimez la fraternité; — qu'il y ait entre vous tous une affection vraiment fraternelle. [1]



Puisque tout ce qui vit et respire est l'œuvre de Dieu, qu'il est le père de toutes les créatures intelligentes, tout est soumis ici-bas à sa domination suprême et, comme l'a dit Fénelon, l'homme s'agite, mais Dieu le mène. Cette vérité ressort de tous les enseignements de l'Écriture sainte, et il suffit d'en citer quelques-uns : « C'est de la sagesse divine que viennent la prudence et la force, c'est par elle que les rois règnent et que les législateurs font des lois équitables. — Le pouvoir souverain sur la terre et le bonheur des peuples sont dans la main de Dieu.... Il renverse du trône les potentats superbes et fait asseoir les humbles à leur place. Il dessèche jusqu'à la racine les nations perverties par l'orgueil. » [2]



Leurs calamités ont leur source dans la violation des principes de justice, qui ébranle parmi elles les bases de la morale, les pousse à la révolte ou attire sur elles les fléaux de la guerre, quelquefois même les précipite dans la dégradation. Avec quelle admirable énergie la Bible dépeint ces désastreuses conséquences de la transgression des lois divines ! « La justice élève les peuples et l'iniquité les rend malheureux. — Ce sont les prévarications d'une cité, qui font éclater sur elle le courroux de Dieu. — Toute iniquité des nations est abominable ; si l'empire est quelquefois transféré d'un peuple à un autre, c'est parce que ce peuple s'est livré aux injustices, aux violences, aux outrages et à la fraude. La terre est souillée par la corruption de ses habitants lorsqu'ils violent les lois, se jouent du droit public et rompent les

---

[1] *Math.* XXIII, 8, 9. — *Ép. aux Éphés.* III, 15. — *Ép. aux Galat.* III, 26, 18. — I. *Ép. de Pierre* II, 17 ; III, 8.
[2] *Prov.* VIII, 14, 15. — *Ecclis.* X, 4, 5, 17, 18.

pactes les plus solennels. — Peuple insensé, est-ce ainsi que tu témoignes ta reconnaissance au Dieu qui t'a créé, qui est ton père? Consulte les siècles anciens, interroge tes aïeux, et ils te diront ce que le Seigneur a fait pour eux.... Une nation appesantie par ses excès, rassasiée, enivrée, a délaissé son créateur et s'est éloignée du Dieu qui était son salut... C'est une race dépravée; les maux fondront sur elle: — On ne viole pas impunément les lois de Dieu. »[1]

La foi religieuse et l'observation de la loi divine fondement de la grandeur des nations.

On conçoit dès lors que l'Écriture fasse dépendre la grandeur et la prospérité des nations de leur foi religieuse, de leur fidélité à l'observation des préceptes divins: « Un peuple incrédule marche dans une voie pernicieuse.[2] Peuples de la terre, reconnaissez tous la main toute-puissante du Seigneur! — Lorsqu'une nation observe les lois divines, elle manifeste sa sagesse et son intelligence, et les autres nations disent d'elle: Voilà un peuple intelligent et sage, voilà une grande nation. »[3]

Amour de la patrie.

Un des principaux caractères de la morale biblique, qui révèle aussi la source divine d'où elle découle, c'est qu'elle admet tous les nobles instincts de l'humanité, c'est qu'elle concilie tous les devoirs de la vie sociale. Ainsi, quoique l'amour des hommes en général soit un de ses principes essentiels, prédominants, elle recommande aussi et proclame, par de nombreux exemples, l'amour de la patrie. Il me suffira de vous rappeler les Israélites « assis sur le bord des fleuves de Babylone et

[1] *Prov.* XIV, 34. — II. *Machab.* V, 17. — *Ecclis.* X, 7, 8. — *Isa.* XXIV, 5. — *Deut.* XXXII, 6, 7, 15, 20, 25. — II. *Machab.* IV, 17.

[2] « L'incrédulité est un accident; la foi seule est l'état permanent de l'humanité. » (Tocqueville, *De la démocratie en Amérique,* p. 232, 1re édition.)

[3] *Isa.* LXV, 2. — *Jos.* IV, 25. — *Deut.* IV, 6.

pleurant au souvenir de Sion,... suppliant le Seigneur d'en avoir pitié parce que leur terre natale avait encore toute leur tendresse et leur compassion ; — les sept frères Machabée disant au roi Antiochus : « Nous sommes prêts à mourir plutôt que de violer les lois de Dieu et de la patrie » ; — Judas Machabée et ses valeureux soldats combattant jusqu'à la mort pour les lois, le temple, la ville, la patrie et leurs concitoyens ; — Jésus-Christ lui-même qui, à la vue de Jérusalem, pleura sur elle en disant : « Ah ! si tu savais en ce jour ce qui peut te procurer la paix ! »[1] et qui, d'après l'évangéliste saint Jean,[2] comme le dit Bossuet, en offrant le grand sacrifice qui devait faire l'expiation de tout l'univers, voulut que l'amour de la patrie y trouvât sa place. »[3]

L'Écriture sainte, en faisant un devoir du patriotisme, ne pouvait manquer de flétrir l'anarchie, fléau mortel des sociétés, et de recommander l'union entre les citoyens: « Un État s'écroulera s'il n'a pas un chef pour le gouverner. — Tout royaume divisé contre lui-même sera ruiné ; toute cité livrée à la discorde ne pourra subsister. — Ne souffrez donc pas de divisions parmi vous, mais soyez tous unis dans un même esprit et les mêmes sentiments. »[4]

J'aborde maintenant un ordre d'idées de la plus haute importance, puisque en lui se résout le malheur ou la félicité des nations. Leurs destinées ne dépendent-elles pas essentiellement de l'exacte détermination des droits et des devoirs respectifs d'un peuple et de son gouver-

---

[1] *Ps.* CXXXVI, 1 ; CI, 15, 14.—II. *Mach.* VII, 2 ; XIII, 14. — *Luc* XIX, 41, 42.

[2] *Jean* XI, 51, 52.

[3] *Polit. tirée de l'Écrit. sainte,* l. I, art. 6, 2ᵉ proposition.

[4] *Prov.* XI, 14. — *Math.* XII, 25. — I. *Ép. aux Cor.* I, 10.

nement? Jamais pacte social n'a réglé cette condition de vie ou de mort avec une netteté plus énergique que l'a fait la Bible. Comme le disait, il y a quelques mois, l'éminent orateur de la chaire de Notre-Dame : « Le Christ, dans la société, découvre au peuple la majesté des rois et aux rois la dignité du peuple, marquant d'un caractère divin, d'un côté le commandement et, de l'autre, l'obéissance. »[1]

*Devoirs des sujets envers le souverain et ses représentants.*

Les devoirs des sujets envers le souverain et ceux qui le représentent ont été surtout tracés par le Christ et ses disciples, avec une précision qui les résume tous en quelques mots : « Rendez à César ce qui est à César, et à Dieu ce qui est à Dieu. — Que toute personne soit soumise aux puissances supérieures, car il n'y a point de puissance qui ne vienne de Dieu, et celles qui existent ont été instituées par lui. C'est pourquoi celui qui résiste au pouvoir résiste à l'ordre établi par Dieu, et ceux qui se rendent coupables de cette résistance méritent condamnation.... Il faut donc se soumettre aux dépositaires de l'autorité, non-seulement par la crainte d'encourir leur ressentiment, mais aussi par principe de conscience..... Le prince est le ministre de Dieu pour le bien du peuple. »[2]

*Devoirs du souverain envers ses sujets.*

Si les droits légitimes des peuples ne sont pas expressément, dans ces citations, mis en balance avec leurs devoirs envers le souverain, vous allez les voir ressortir, avec une lumineuse évidence, des enseignements de l'Écriture sainte sur les devoirs du souverain envers ses sujets, et vous reconnaîtrez dans la sévérité de ces enseignements, dans la responsabilité qu'ils font peser sur les chefs des nations, le divin caractère dont ils portent

---

[1] *Première conférence* du R. P. Félix, 1865.
[2] *Math.* XXI, 21. — *Luc* XX, 25. — *Ép. aux Rom.* XIII, 1, 2, 4, 5.

l'empreinte. « Écoutez, rois de la terre, et comprenez ! Instruisez-vous, vous qui gouvernez les peuples ! C'est Dieu qui vous a donné la puissance ; votre force vient du Très-Haut qui interrogera vos œuvres et scrutera vos pensées. Ministres de sa souveraineté, si vous ne régnez pas équitablement, si vous n'observez pas la loi de la justice et ne marchez point selon la volonté de Dieu, il se manifestera soudainement à vous d'une manière formidable ; car un jugement rigoureux est réservé à ceux qui commandent aux autres. »

« Lorsqu'un roi monte sur le trône, que son cœur ne s'enfle pas d'orgueil parce qu'il est au-dessus de ses frères. Qu'il ne se détourne ni à droite ni à gauche, s'il veut que lui et ses fils règnent longtemps. — La vérité et la miséricorde sont une sauvegarde pour lui, et son trône est affermi par la clémence. » [1]

Des nombreux exemples que produit l'Écriture à l'appui de ces maximes, j'en détacherai deux seulement :

Artaxerxès adresse aux gouverneurs des cent vingt-sept provinces soumises à son empire cette noble déclaration : « Quoique je commande à tant de nations, je n'ai voulu abuser en rien de ma puissance ; j'ai gouverné mes sujets avec clémence et mansuétude, afin qu'ils vivent sans crainte et jouissent de la paix si chère à tous les hommes. » L'autre exemple est d'autant plus remarquable qu'il nous montre un vaillant israélite appelé au trône par la volonté nationale : « Il plut à tout le peuple, dit la Bible, de prendre pour chef Simon Machabée qui accepta l'autorité suprême..... Tous l'acclamèrent par ces paroles : Vous êtes notre chef à la place de Judas et de Jonathas votre frère. Menez-nous au combat, et nous ferons tout ce que vous nous ordonnerez. — Simon Machabée ne

---

[1] *Sag.* VI, 2, 4, 5, 6. — *Deut.* XVII, 16, 20. — *Prov.* XX, 28.

rechercha que la prospérité de sa nation, protégea les faibles, expulsa les pervers, fit observer les lois, pratiqua la justice envers tous, garda la foi qu'il avait jurée à son peuple et s'efforça, par tous les moyens, d'assurer sa grandeur. » [1]

*Réprobation de la tyrannie et de la violation des lois.*

La tyrannie, l'iniquité, la violation des lois, sont frappées par la Bible d'une énergique réprobation : « Que nul n'opprime violemment son prochain. — Dieu n'a aucun égard pour le tyran qui dispute au pauvre ses droits, car tous les hommes sont l'ouvrage de ses mains. — Malheur à ceux qui font des lois iniques,... qui violent les droits de leurs concitoyens, pour leur imposer des lois corrompues ! — Le bien durable est la justice, les peuples sont éclairés par la justice de Dieu. — Attachez-vous donc à ce qui est juste en vue seulement de la justice. » [2]

*Aimer le peuple sans faiblir devant lui.*

Le prince doit aimer le peuple, mais sans faiblir devant lui : « Si vous êtes bon pour le peuple, il s'attachera pour toujours à vous ; — mais ne vous laissez pas entraîner par la multitude à faire le mal. — Le roi Saül, dans une guerre contre les Amalécites, reconnut qu'il avait péché parce qu'il avait transgressé la parole du Seigneur par crainte du peuple et en obéissant à sa voix. » [3]

*Importance du bon choix et de la moralité des fonctionnaires.*

Aucune des conditions essentielles d'un bon gouvernement n'est omise par l'Écriture. Ainsi, ses prescriptions s'étendent au bon choix et à la moralité des dépositaires de l'autorité publique : « Il faut choisir dans le peuple et lui donner pour chefs des hommes fermes et craignant Dieu, qui détestent l'avarice, qui soient toujours fidèles à la vérité. — Quand les justes triomphent dans l'État,

---

[1] *Esth.* XIII, 1, 2. — I. *Machab.* XIII, 8 ; XIV, 46, 47, 4, 14, 35.
[2] *Lévit.* XIX, 11, 15. — *Job* XXXIV, 19. — *Isa.* X, 1. — II. *Machab.* IV, 2. — *Prov.* VIII, 18. — *Isa.* LI, 4. — *Deut.* XVI, 20.
[3] II. *Paralip.* X, 7. — *Exo.* XXIII, 2. — I. *Rois,* XV, 24.

le peuple est joyeux et prospère ; quand les impies domi-
nent, le peuple gémit et souffre... Les hommes corrompus
détruisent une cité. » [1]

Après avoir spécialement envisagé les devoirs qu'im-
posent aux souverains les livres sacrés, leur étude nous
amène à reconnaître d'autres principes de morale sociale
qui s'appliquent, non plus seulement aux chefs des nations, mais à tous les citoyens.

Au premier rang se place la prédominance de l'intérêt
public sur les intérêts individuels et égoïstes. L'Ancien
Testament nous présente, à ce point de vue, comme un
modèle de vertu sociale, Judas Machabée « qui n'avait
pour but, en toutes choses, que l'intérêt public. » —
« Que chacun ait en vue, dit l'apôtre des nations, non
ses propres intérêts, mais ceux de ses semblables. »
Écoutez Isaïe stigmatisant l'égoïsme : « Malheur à vous
qui dites en votre cœur : Je suis, et il n'y a que moi !
Les calamités fondront sur vous, et vous ne pourrez les
détourner. » [2]

L'Ancien et le Nouveau Testament s'accordent aussi
pour frapper d'anathème les sophistes qui perver-
tissent les claires notions de la morale et prétendent
qu'on peut faire le mal pour qu'il en résulte du bien :
« Malheur à vous qui appelez mal le bien et bien le mal,
qui substituez les ténèbres à la lumière et la lumière
aux ténèbres ! — Voici ce que dit le Seigneur des faux
prophètes qui trompent et déchirent son peuple, tout en
paraissant prêcher la paix : Vous n'aurez pour vision que
la nuit, pour révélations que les ténèbres. Imposteurs,
le soleil sera pour vous sans lumière et le jour une obs-
curité profonde. — C'est blasphémer que de dire avec

----

[1] *Exo.* XVIII, 21. — *Prov.* XXIX, 2, 8.
[2] II. *Machab.* XI, 15. — *Ép. aux Philip.* II, 4. — *Isa.* XLVII, 10, 11.

certains hommes : Faisons le mal afin qu'il en résulte du bien. Si l'on agissait ainsi, on serait justement condamné. »[1]

**Devoir et avantages de l'assistance mutuelle.**

« Voyez, a dit Bossuet, comme les forces se multiplient par le secours mutuel. »[2] Cette grande vérité sociale, si bien comprise de nos jours et dont les bienfaisantes applications se répandent de plus en plus dans notre pays, ne découle pas seulement et virtuellement du principe religieux de l'amour du prochain ; l'assistance mutuelle est l'objet des recommandations expresses et multiples de l'Écriture sainte : « Il vaut mieux être deux ensemble que d'être seul, car on tire avantage de cette union. — Le frère aidé de son frère est comme une ville forte. — Donnez et recevez en sanctifiant votre âme. — Vous n'êtes tous qu'un seul corps et membres les uns des autres ; que tous les membres conspirent à s'entr'aider : unissez-vous les uns aux autres pour vous soutenir mutuellement. »[3]

**Devoirs envers le pauvre et l'ouvrier.**

Les devoirs que nous avons à remplir envers le pauvre et l'ouvrier sont aussi enseignés par la Bible avec cette énergique précision qui caractérise ses principes essentiels : « Il vous est ordonné d'ouvrir votre main à votre frère pauvre et sans secours : vous agirez bien en soulageant sa misère. — Le pain est la vie du pauvre ; qui le lui ôte est un homme sanguinaire... Celui qui prive l'ouvrier de la rétribution de son travail est frère de celui qui répand le sang de son prochain. — Le laboureur qui a bien travaillé doit avoir part, le premier, à la



[1] *Isa.* V, 20. — *Mich.* III, 5, 6. — *Ép. aux Rom.* III, 8.
[2] *Polit. tirée de l'Écrit. sainte*, l. I, art. 1, 6e proposition.
[3] *Ecclés.* IV, 9. — *Prov.* XVIII, 19. — *Eccli.* XIV, 16. — *Ép. aux Rom.* XII, 5. — I. *Ép. aux Cor.* XII, 25. — *Ép. aux Rom.* XV, 7.

récolte des fruits. — Le travailleur, a dit le Christ, mérite le prix de son travail. » [1]



Un des principaux devoirs qui naissent des relations internationales, la protection due à l'étranger, est hautement proclamé par la Bible et avec une générosité d'autant plus remarquable qu'Israël, vous le savez, s'isolait des autres nations. « Le Seigneur dit à Moïse : Que l'étranger soit parmi vous comme un concitoyen. — Si vous ne lui faites point de tort, je demeurerai avec vous dans la terre que j'ai donnée à vos pères. » Aussi, fidèle à ces divins commandements, la loi mosaïque leur donne-t-elle une charitable consécration : « Ne violez point la justice envers l'étranger... Laissez pour lui, aussi bien que pour l'orphelin et la veuve, la gerbe que vous aurez oubliée en coupant votre moisson. » Et l'Écriture confirme ces préceptes par l'enseignement exemplaire d'un fait historique : « Sodome a été justement punie, non-seulement pour ses iniquités, mais aussi pour avoir traité des étrangers comme des ennemis. » [2]



Dans toute nation civilisée, obéissant aux lois de la morale universelle, le respect de la vie de l'homme, de sa liberté, de sa propriété, doit être à l'abri de toute atteinte. Ces trois grands intérêts sociaux sont garantis par l'autorité de la parole divine.

Et d'abord, n'a-t-elle pas promulgué dans le Décalogue ce commandement ? « Vous ne tuerez point. » Nous voyons dans la Genèse que « Lorsque Dieu bénit Noé et ses fils, il leur dit : A l'homme, frère où étranger, je demanderai compte de la vie de l'homme. Quiconque

[1] *Deut.* XV, 11, 10. — *Eccli.* XXXIV, 25, 27. — II. *Ép. à Tim.* II, 6. — *Luc* X, 7.

[2] *Lévit.* XIX, 1, 54. — *Jér.* VII, 6, 7. — *Deut.* XXIV, 17, 19. — *Sag.* XIX, 12, 14.

répandra le sang de l'homme sera puni par l'effusion du sien, car l'homme a été fait à l'image de Dieu. » Le Christ rappelle expressément le solennel commandement du Décalogue et le complète par cette sentence : « Quiconque tuera méritera d'être condamné par le jugement. » [1]

Moïse, qui avait reçu le premier et publié la grande loi du Décalogue, n'avait pu que consacrer aussi, dans les lois du Pentateuque, le respect de la vie de l'homme ; mais il est à remarquer qu'il reconnaît en même temps à la société le droit de se défendre par la peine de mort : « Si quelqu'un, dit-il, tue son prochain de dessein prémédité et par surprise, arrachez-le même de l'autel de Dieu, pour le faire mourir. » [2]

Respect de la liberté de l'homme.

Nous retrouvons cette sanction suprême du droit social pour la répression des crimes qui méritent la plus grande rigueur, dans une autre loi mosaïque, éclatante et sévère condamnation des attentats à la liberté de l'homme : « Celui qui aura enlevé et vendu un homme, s'il est convaincu de ce crime, qu'il soit puni de mort. » C'est au nom de Dieu lui-même que Jérémie proclame le respect de la liberté de l'homme et les châtiments dont la justice divine menace ceux qui violent les lois protectrices de cette liberté : « Vous avez déshonoré mon nom, dit le Seigneur, en réduisant à l'esclavage votre serviteur et votre servante. Puisque vous ne m'avez pas écouté pour donner la liberté à votre frère, je vous déclare que je vais vous livrer, vous qui êtes libres, au glaive, à la peste et à la famine. » [3] Moïse avait, toutefois, dans ses institutions,

---

[1] *Exo.* XX, 15. — *Gen.* IX, 1, 5, 6. — *Math.* V. 21.

[2] *Exo.* XXI, 14.

[3] *Exo.* XXI, 16. — *Jér.* XXXIV, 16, 17.

En s'inspirant de ces préceptes divins le pape Paul III avait,

admis et réglementé l'esclavage dans une certaine mesure, [1] et l'abolition de ce crime de lèse-humanité est un des grands progrès réalisés par le christianisme. Les principes évangéliques, c'est l'évidence même, réprouvent d'une manière absolue tout asservissement de l'homme par l'homme, et se résument dans ces paroles du Christ et de saint Paul : « Vous êtes tous frères. — Maîtres et serviteurs, vous avez, les uns et les autres, un maître commun dans le ciel, qui ne fait point acception des personnes. » [2]

Respect du droit de propriété. Les lois de Moïse avaient reconnu et garanti le droit de propriété, mais en limitant son exercice et sa durée quant à la propriété foncière, et en y associant le devoir de la bienfaisance envers les indigents. [3] Ce droit trouve une sanction dans le commandement du Décalogue : « Tu ne déroberas point », commandement qui, par sa généralité, embrasse et protége toute propriété privative. L'Ancien Testament nous offre un exemple frappant de la consécration religieuse qu'il donne au droit de propriété foncière, dans le simple récit que je remets sous vos yeux en abrégé, du débat qui s'était élevé, à propos d'une vigne, entre un israélite et son roi : « Naboth, de Jezraël, possédait une vigne près du palais d'Achab, roi de Samarie,

---

dès 1557, anathématisé la traite des nègres et l'esclavage par un bref dont voici un extrait textuel : « Il n'est pas permis de réduire en esclavage les Indiens ni toute autre nation, même sous le prétexte de leur procurer les bienfaits du christianisme, parce que l'esclavage est en lui-même un crime. »

[1] L'esclave hébreu devenait libre au bout de six années; mais ce bénéfice légal ne s'étendait pas à l'esclave d'origine étrangère. V. *Exo.* XXI. 2. — *Deut.* XV, 12. — *Lévit.* XXV, 44, 45, 46.

[2] *Math.* XXIII, 8. — *Ép. aux Éphés.* VI, 9.

[3] *Lévit.* XXV, 10, 15, 25, 24, 28. — *Deut.* XIX, 14; XXIII, 24, 25; XXVII, 17.

Achab lui dit : Cède-moi ta vigne afin que je puisse faire un jardin. Je t'en donnerai une meilleure ou, si tu l'aimes mieux, je te remettrai en argent le prix qu'elle vaut. Naboth lui répondit : Dieu me garde de vous donner l'héritage de mes pères ! Achab revint en son palais, irrité et plein de fureur à cause de cette réponse de Naboth,.... et celui-ci fut conduit hors de la ville et lapidé.... Achab, ayant appris la mort de Naboth, alla prendre aussitôt possession de sa vigne. Le Seigneur parla donc à Elie, de Thesbé, et lui dit : Lève-toi, va à la rencontre d'Achab, roi d'Israël, et tu lui parleras en ces termes : Voici ce que dit le Seigneur : Tu as fait tuer Naboth et, de plus, tu t'es emparé de sa vigne. En ce même lieu où les chiens ont léché le sang de Naboth, ils lécheront aussi ton sang. Toi et ta postérité vous serez retranchés de la face de la terre. » [1]

Le Nouveau Testament apporte aussi au droit de propriété une consécration exemplaire dans ces paroles adressées à Ananie par le prince des apôtres : « Si vous aviez voulu garder ce champ, n'était-il pas toujours à vous ? Et après l'avoir vendu, le prix n'était-il pas encore à vous ? » [2]

Loi du travail.   Le travail, dans les desseins de Dieu, est une loi primordiale et universelle qui régit les sociétés comme les individus. C'est le grand générateur des forces matérielles et intellectuelles des nations ; c'est aussi pour elles un puissant élément de moralisation lorsqu'il se meut dans les conditions tracées par la loi religieuse et par l'économie politique. A tous ces titres, il a sa place dans la morale sociale et ses règles dans l'Écriture sainte.

[1] *Exod.* XX, 15. — *Deut.* V, 19. — III *Rois* XXI, 1, 2, 3, 4, 15, 16, 17, etc.
[2] *Act. des apôtres* V, 4.

Le principe obligatoire du travail remonte à la création de l'homme. La Genèse nous apprend que Dieu lui-même a dit à Adam : « Puisque tu as mangé du fruit dont je t'avais défendu de manger,... tu n'auras ta subsistance, pendant toute ta vie, qu'à force de travail, et tu mangeras ton pain à la sueur de ton front... » Dans le Décalogue le Seigneur émet ce commandement : « Tu travailleras durant six jours et tu feras pendant ce temps tous tes ouvrages. Le septième est le jour du repos, et tu ne feras en ce jour aucune œuvre servile. » Job affirme l'obligation du travail avec le langage imagé qui lui est propre : « L'homme est né pour le travail comme l'oiseau pour voler. »[1]

Le divin ouvrier de Nazareth n'a-t-il pas donné, par son exemple, la plus haute sanction au précepte du Décalogue que je viens de rappeler?[2] Les apôtres s'y sont aussi scrupuleusement conformés. « Souvenez-vous, disait saint Paul aux Thessaloniciens, qu'en vous prêchant l'Évangile nous avons travaillé jour et nuit pour n'être à charge à aucun de vous... Nous n'avons mangé gratuitement le pain de personne, et nous avons voulu vous donner en nous un exemple à imiter. »[3]

Les livres sacrés n'attribuent pas seulement au travail un caractère d'obligation expiatoire, ils font ressortir aussi son caractère moral et son accord avec les saines notions d'économie politique. « C'est dans le travail qu'est la vraie richesse, — mais n'employez pas les œuvres de vos mains à acquérir ce qui causerait votre perte. — Ne fuyez pas les travaux de l'agriculture qui a été créée par le Très-Haut. — Le fruit d'un labeur honnête

---

[1] *Gen.* III, 17, 19. — *Deut.* V, 15, 14. — *Job* V, 7.
[2] *Marc* VI, 5.
[3] I. *Ép. aux Thess.* II, 9 ; II. *Ép. aux Thess.* III, 8, 9.

est toujours glorieux. — Heureux ceux qui marchent dans les voies du Seigneur! Ils recueilleront les fruits de leurs travaux, car la sagesse divine fait prospérer le travail du juste et bénit ses labeurs. »[1]

*Le christianisme source de la vérité et de la liberté.*

Je suis de ceux qui sont profondément convaincus qu'on ne saurait améliorer et faire progresser l'humanité avec les seules forces de l'humanité, et qu'elle ne peut trouver son avancement que dans les voies du christianisme. Un illustre auteur contemporain, que j'ai déjà cité au début de ce travail, a dit dans son ouvrage sur le droit civil des Romains : « Le Christianisme, c'est le progrès final par lequel l'humanité a été mise en possession des principes de la vraie civilisation universelle. »[2] Ce progrès final n'est autre que celui de la vérité et de la liberté rationnelle qui ont leur source et leur règle dans le christianisme. C'est au Nouveau Testament que j'en emprunte la démonstration et, dans la sphère si élevée où elle se place, vous allez voir à quelle hauteur s'élèvent aussi la pensée évangélique et son expression :

« Si vous observez fidèlement ma parole, a dit le Christ, vous connaîtrez la vérité, et la vérité vous rendra libres.... Il faut, pour être vraiment libres, que vous soyez affranchis par le Fils de Dieu. »

Ecoutez maintenant les deux grands interprètes de la parole du Christ, les princes des apôtres :

« Nous ne pouvons rien contre la vérité, nous ne pouvons quelque chose que pour elle : — Coopérons donc au progrès de la vérité. »

« Vous êtes appelés, mes frères, à l'état de liberté, —

---

[1] *Prov.* XIV, 23. — *Sag.* I, 12. — *Ecclis.* VII, 16. — *Sag.* III, 15. — *Ps.* CXXVII, 1, 2. — *Sag.* X, 10.

[2] M. Troplong, *De l'influence du christianisme sur le droit civil des Romains*, ch. IV, p. 91.

et cette liberté, c'est Jésus-Christ qui vous l'a donnée. — Vous êtes libres, non pour user de votre liberté comme d'un voile jeté sur vos mauvaises actions, mais pour agir en serviteurs de Dieu, — et pour vous dévouer les uns aux autres dans un esprit de charité. — Ne vous rendez pas esclaves des hommes ; — entrez dans la glorieuse liberté des enfants de Dieu. — Le Seigneur est Esprit, et où est l'esprit du Seigneur, là est la liberté. » [1]

Noble maxime, inspirée par Celui que le Psalmiste appelle *le Dieu libérateur,* [2] maxime qui résume à la fois le progrès social et le progrès individuel ! Qu'elle remplace désormais le cri de guerre entre les nations, et qu'elle soit le cri de la liberté pacifique ! Ce n'est que par son alliance avec l'esprit religieux, que l'esprit libéral peut se développer, s'affermir et assurer le bonheur des peuples. C'est par cette alliance seulement que peut s'opérer la conciliation si nécessaire de l'autorité et de la liberté, [3] que la société européenne pourra échapper à la décadence qu'appréhendent pour elle et qu'entrevoient déjà des esprits d'une haute portée.

Pour que la société ne soit plus profondément ébranlée

---

[1] *Jean* VIII, 54, 52, 56. — II. *Ép. aux Cor.* XIII, 8. — III. *Ép. de Jean* 8. — I. *Ép. aux Galat.* V, 15 ; IV, 51. — I. *Ép. de Pier.* II, 16. — I. *Ép. aux Cor.* VII, 23. — II. *Ép. aux Rom.* VIII, 21. II. *Ép. aux Cor.* III, 17.

[2] *Ps.* LXIX, 6 ; CXLIII, 2.

[3] « La conclusion définitive de la crise qui a ébranlé jusque dans ses dernières profondeurs la société moderne,.... serait celle qui consacrerait pour jamais cette conciliation tant désirée et si nécessaire de l'autorité et de la liberté, sans laquelle les sociétés iront toujours se briser aux écueils du despotisme ou se perdre dans les abîmes de l'anarchie. » (Le P. Ad. Perraud, de l'Oratoire, *Discours sur l'histoire de l'Église,* prononcé à la Sorbonne le 25 avril 1866.)

dans ses bases, il faut y rétablir le respect de la loi morale, et il suffirait de la ramener aux déductions pratiques du Décalogue et des deux grands préceptes proclamés par le Christ comme renfermant toute la loi et les prophètes. [1] Le génie politique qui, s'inspirant de cette pensée si simple, en réaliserait le bienfait pour la société moderne, serait le plus grand génie de l'humanité.

Si j'avais besoin de justifier la pensée qui domine toute cette étude biblique et la conclusion qu'elle a logiquement amenée, je demanderais cette justification à un des plus éminents philosophes de notre siècle, qui, sur son lit de mort, regrettait d'avoir perdu la foi chrétienne, à Jouffroy qui a dit, en professant un *cours de droit naturel :* [2] « Il n'y a qu'une loi au monde, la loi de Dieu. »

[1] « Une loi de transformation successive domine dans la création ; nous la retrouvons dans la nature organique, nous l'admirons dans la nature animée, nous l'étudions dans la nature morale ; pourquoi cette loi n'existerait-elle pas dans la nature des sociétés ? Pourquoi la tâche sublime de la volonté multiple des nations comme de la volonté individuelle de l'homme, ne consisterait-elle pas à changer l'appétit brutal en vertu humaine, la vertu humaine en inspiration céleste, en sagesse de Dieu ? » (Mme Bayle-Mouillard, *Du progrès social,* ouvrage couronné par l'Institut, ch. iv, p. 92, 93.)

[2] Leçon 51.

www.ingramcontent.com/pod-product-compliance
Lightning Source LLC
Chambersburg PA
CBHW061706050726
47598CB00004B/1710